AF581360

FRAGMENS

HISTORIQUES ET POLITIQUES.

FRAGMENS

HISTORIQUES ET POLITIQUES,

PAR LOUIS JULLIAN.

PARIS,

THERMIDOR AN XII. — 1804.

AVANT-PROPOS.

En faisant réimprimer, sans y changer un seul mot, quelques - unes des opinions prononcées ou publiées par moi à différentes époques de la révolution, je me suis proposé le double but de faire remarquer les progrés de l'esprit public, et la marche rapide des évènemens qui, en quelques années, ont amené un résultat prévu depuis long-tems comme le terme heureux de toutes les agitations, et de justifier la loyauté de ma propre conduite, lâchement calomniée par quelques personnes non moins ignorantes que perfides, qui se font un jeu cruel de diffamer et de flétrir tout ce qui s'est distingué avec quelque courage dans les rangs des honorables amis de la révolution. Comme si le chef auguste de l'Empire, ce

Bonaparte dont le monde atteste la gloire, et dont le nom, semblable à celui de César, deviendra dans la postérité le plus beau titre de ses successeurs, n'était pas lui-même le plus grand résultat de cette révolution, qui semble n'avoir un moment menacé tous les trônes conjurés contre elle que pour affermir sur d'inébranlables fondemens celui que le Peuple français, non moins fidèle à la volonté qu'il exprima en 1789, qu'aux leçons de l'expérience et du malheur, vient de relever sur les bases de la liberté civile et de l'égalité politique. Lorsqu'on a passé quatorze mois dans les cachots de la terreur on a du moins acquis le droit d'être entendu, surtout lorsqu'on peut défier les passions les plus contraires d'élever contre soi une seule accusation fondée. J'ose affirmer que tous les hommes de bien, que tous les amis éclairés de la liberté retrouveront leurs opinions dans celles dont je leur offre l'hommage, et qu'aucun vil intérêt n'a jamais dictées. A plus d'une époque j'aurais pu, sans doute, faire tourner à l'avantage de mon ambition et de ma fortune (presque détruite par les évènemens de la révolution) les moyens que me donnaient quelque crédit et des relations puissantes; je les ai constamment dédaignés, quoique je n'ignorasse pas plus alors qu'aujourd'hui que la calomnie s'attache rarement au pouvoir, et qu'elle respecte tout ce qu'elle craint.

J'ai toujours pensé que ce n'est que par une conduite irréprochable et ferme, par la publicité de ses opinions, qu'un homme d'honneur doit repousser de lâches et ténébreuses attaques ; souvent même ce serait s'en croire atteint que de s'abaisser à s'en justifier. Chargé en 1795, par les comités de salut public et de sûreté générale, d'accompagner le représentant du peuple Fréron dans les départemens méridionaux, cette mission, qui me fut commune avec M. Méchin, aujourd'hui préfet du département de la Roër, fut une mission de paix, et n'eut rien de commun avec celle que le même représentant y avait remplie en 1793. Notre devoir était d'arrêter le cours des vengeances réactionnaires; nous l'exécutâmes avec fermeté et sans céder à aucune influence. Le sang français n'a pas coulé une seule fois dans le Midi pendant la durée de nos fonctions. Là, comme dans tout le cours de ma vie politique, je n'ai jamais considéré les intérêts d'une faction, mais toujours ceux de la patrie : si je me suis trompé, mon erreur a été involontaire. Depuis le jour où, par ses victoires, le *Peuple français* (1) a

---

(1) On conçoit bien que par ce mot je n'entends pas désigner ces réunions souvent conspiratrices, et toujours ridicules, qui depuis quinze ans ne cessent de protester contre la révolution, et regardent comme nuls tous les actes auxquels les trois ordres de l'état, réunis en états-généraux, n'ont pas essentiellement concouru....

Le grand, le vrai peuple se compose tout entier de ces armées qui accablèrent l'Europe du poids de leurs armes et de leur gloire, en défendant au-dehors l'indépendance du nom fran-

consacré le grand changement qui s'est opére dans la forme de son gouvernement, mes opinions ont été fixées pour jamais; je n'ai pas abandonné d'un moment la ligne que je me suis tracée : mes écrits l'attesteront; cette preuve est plus forte que toutes les calomnies. Je dois trop de reconnaissance à l'intérêt que

---

çais, et de ces hommes généreux et braves qui, dans leurs foyers, servirent et honorèrent également la patrie par leur courage et leurs vertus, combattirent l'oppression des grands, et renversèrent le préjugé honteux de la féodalité.

quelques personnes, aussi chères à l'Etat par leurs services que par leurs lumières, ont bien voulu me témoigner, pour ne pas me faire un devoir rigoureux de leur prouver que j'en fus constamment digne.

A Paris, le 20 thermidor an XII, août 1804.

LOUIS JULLIAN.

Les dates des différentes opinions que j'ai réunies dans ce recueil suffiront pour indiquer les circonstances dans lesquelles elles ont été prononcées ou publiées. Il est nécessaire de savoir qu'une insurrection terrible éclata contre la convention nationale, dans les faubourgs et les quartiers les plus populeux de Paris, le 12 germinal an 3, c'est à dire le surlendemain du jour où je prononçai à la barre de cette assemblée la première des deux adresses qui sont à la tête de ce recueil. Jamais séance ne fut ni plus orageuse ni plus menaçante ; il serait essentiel de consulter *le Moniteur* sur tout ce qui appartient à ces fatales époques pour se former une juste idée des factions qui divisaient alors l'Etat, et dont l'Angleterre avait allumé le foyer au milieu des représentans du Peuple français.

Les lecteurs impartiaux jugeront peut-être qu'il y eut aussi quelque courage, au 12 vendémiaire an 4, à s'élever, au sein d'une assemblée où les plus délirantes propositions étaient *seules* accueillies, contre le systême de rebellion et d'attaque que des hommes criminels ou égarés réussirent à faire adopter aux citoyens de Paris contre la Convention nationale, seule autorité légitime existante alors au milieu d'eux. Je ne fus pas assez heureux pour que mes sages conseils fussent suivis : l'influence de l'étranger n'éprouvait plus d'opposition...... (1) le lendemain le sang français ruisselait dans Paris !.....

---

(1) Cette influence était déjà si puissante, que d'excellens citoyens étaient entraînés par elle, et croyaient n'obéir qu'à leur conscience.

Tel fut l'affreux résultat d'un moment de triomphe du parti contre-révolutionnaire !....

www.ingramcontent.com/pod-product-compliance
Lightning Source LLC
LaVergne TN
LVHW050513160826
845677LV00003B/1100

* 9 7 8 2 3 2 9 6 2 5 1 0 2 *